SOUVENIR D'UNE SŒUR

(Marie de Mijolla)

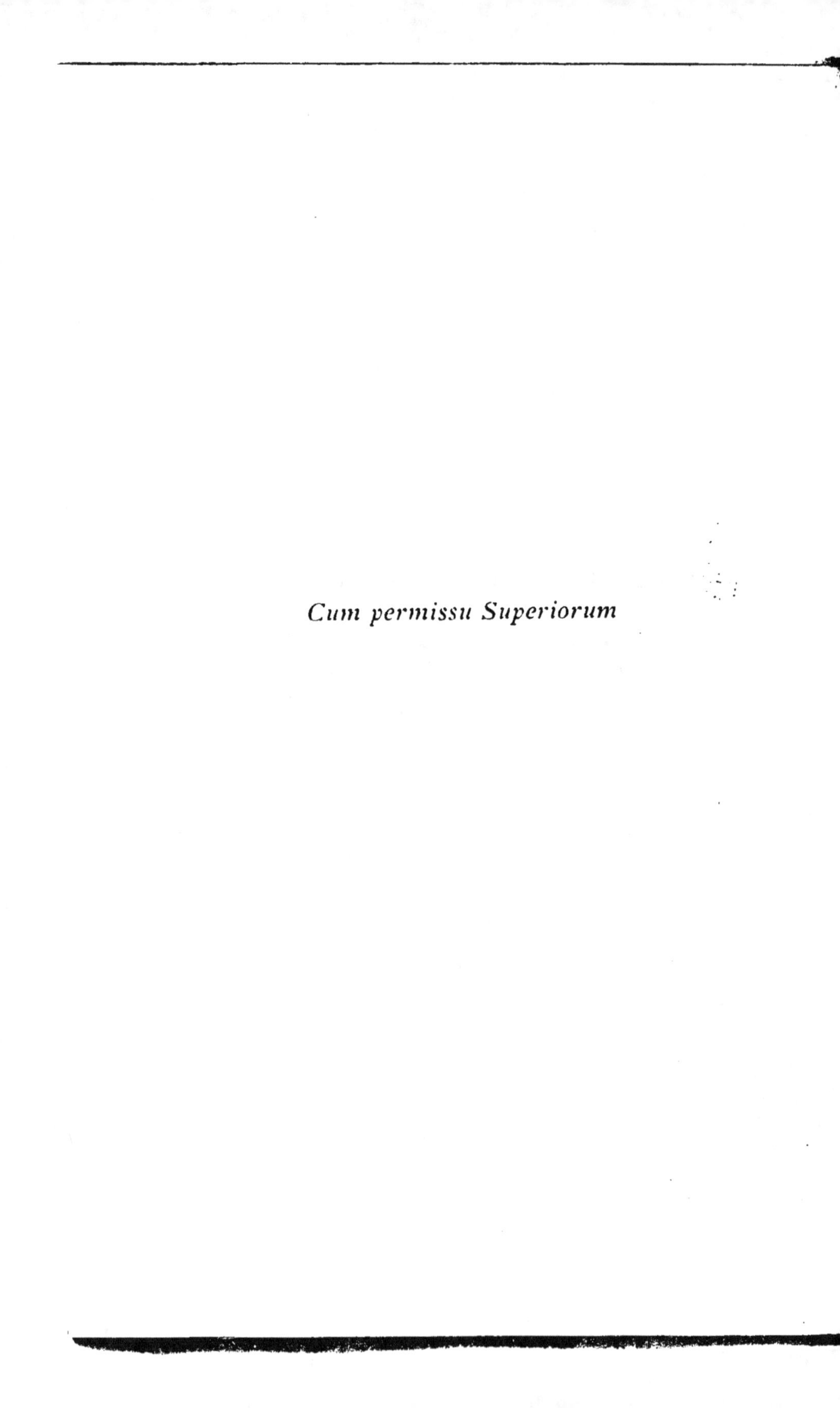

Cum permissu Superiorum

SOUVENIR

D'UNE SŒUR

Dieu avant tout!

TYPOGRAPHIE N.-D. DES PRÉS

1887

N'est pas dans le commerce

A mes Frères et Sœurs

JE vous adresse cet écrit où j'ai essayé de faire revivre une Sœur qui était notre aînée par l'âge, mais surtout par ses vertus, et qu'une mort imprévue a ravie si tôt à notre affection.

Morte jeune, elle était déjà pleine de jours ; comme vous le verrez par la lecture de cette notice, quoique ses cheveux n'aient point eu le temps de blanchir, elle avait atteint cependant dans l'âge de la vie chrétienne une véritable vieillesse.

Cet humble travail a donc été pour mon cœur non seulement une consolation, mais aussi un sujet de grande édification.

J'espère qu'il sera tout cela pour vous et que, en conservant au milieu de vous et de vos enfants le souvenir d'une telle sœur, il vous animera tous à marcher sur ses traces et à perpétuer ainsi dans la famille ces traditions de sagesse et d'honneur qui sont entrées dans les biens de son héritage comme le plus précieux de tous.

Votre frère bien affectueux,
LOUIS. S. M.

Notre-Dame de France — Londres.
le 14 juin, fête de St Basile, 1887.

SOUVENIR D'UNE SOEUR

I.

NAISSANCE. — ÉDUCATION. — VIE DE FAMILLE.

1848-1868.

ARVÉJOLS, ville antique et charmante de la Lozère, qui doit son origine au culte de la Très-Sainte Vierge Marie, Marvéjols fut le lieu où naquit notre Sœur.

Née dans la *Ville de Marie*, elle y reçut, peu après sa naissance, au baptême, ce Nom béni de la Mère de Dieu, plus doux que le miel, qui du berceau à la tombe devait être sa lumière, sa force et son salut.

Dès sa plus tendre enfance, Marie montra de précieuses dispositions à la générosité; elle était portée comme d'instinct, par une grandeur d'âme naturelle, à s'oublier elle-même pour se dévouer aux autres. Ainsi, à peine âgée de deux ans, elle mettait sa vie en danger par un acte de piété filiale bien remarquable. Un jour en effet, elle avait entendu notre tendre mère exprimer le désir de se désaltérer; aussitôt, la petite Marie trompant sa garde vigilante, se met en mesure de satisfaire ce désir. Déjà, elle est parvenue à avoir un verre, à le remplir d'eau, et la voici triomphante qui s'empresse de le porter à cette mère bien-aimée. Mais soudain, ses pas encore hésitants s'embarrassent, elle tombe sur le verre qui en se brisant lui meurtrit cruellement le visage. La blessure était grave, aussi le pansement douloureux et long lui laissa-t-il au menton une cicatrice qu'elle a emportée dans la tombe. Cet accident occasionné par l'élan d'une piété filiale très vive lui fournit une autre occasion de révéler son cœur d'enfant sous un aspect plus beau encore, sous celui de son amour surnaturel pour sa Mère du ciel.

Pendant le traitement délicat de sa profonde blessure, il était très difficile de lui faire accepter les soins des médecins et leurs remèdes. Il y en avait un cependant, qu'elle réclamait sans cesse, c'était celui de pieuses amies qui, à la première nouvelle de l'accident, étaient venues appliquer à sa plaie des compresses d'eau de N.-D. de la Salette. A tout instant elle voulait, selon son expression enfantine, de l'*eau de la Sainte Vierge*. Alors, elle prêtait son visage meurtri à ce pansement surnaturel avec une docilité parfaite et une foi admirable. Aussi, notre mère de qui elle avait reçu l'impression de cette foi, s'est toujours plu à attribuer la guérison de Marie à la protection de la Très-Sainte Vierge.

Cette filiale dévotion envers l'auguste Mère de Dieu, qu'elle avait sucée avec le lait maternel et qui devait un jour devenir la forme de sa vie et la consolation de sa mort, n'était en elle que le reflet de son ardente charité pour Dieu. Elle bégayait à peine, en effet, et déjà on l'entendait dire cette parole d'un amour parfait : « j'aime papa et maman, *mais le bon Dieu avant tout !* »

Le bon Dieu avant tout ! — Enfant, c'était son bégaiement, plus tard ce sera sa devise et toute l'explication de sa vie pure et toute d'immolation. On la vit pleurer à l'âge de *trois ans* sur le seuil des cloîtres de la Visitation de Marvéjols dans son vif désir

d'y entrer et de s'y consacrer au Dieu de son
cœur : trait bien frappant de ressemblance
avec l'enfance même de la Reine du ciel,
qu'elle a eu le bonheur d'imiter jusque dans
sa mort, arrivée dans le même mois et vers
la même époque.

Ces heureuses dispositions, dons de la
nature et de la grâce, furent cultivées en
Marie par une éducation à la fois chrétienne
et élevée. Elle fut vraiment selon le langage
de l'Écriture : « comme l'arbre planté le long
des eaux, préparé à produire son fruit en
son temps. » (Ps. 1.) Ses premières leçons
furent d'abord les exemples de ce père et de
cette mère vénérés, qui n'ont cessé jusqu'à
ce jour de réfléchir sur nous les plus pures
maximes de l'Évangile. A cette aimable
école, elle apprit ce qu'il convient à une
âme chrétienne d'apprendre, c'est-à-dire selon l'Apôtre : « tout ce qui est vrai, tout ce
qui est pudique, tout ce qui est juste et
saint. » (Philip. IV, 8.) Souvent, oui bien
souvent, au milieu des mille tendresses de

l'amour maternel, elle s'entendait dire comme autrefois le roi saint Louis : « Marie, mon enfant bien-aimée, tu sais combien, moi ta mère, je t'aime ! Eh bien, j'aimerais mieux te voir mourir à l'instant que de te voir commettre un seul péché mortel. »

Aussi, comme la fleur s'épanouit radieuse et parfumée sous les rayons du soleil d'été, le cœur de Marie, grâce à de telles leçons de vertu s'épanouissait-il plein d'innocence sous l'influence de la « crainte du Seigneur qui est le commencement de la sagesse. » (Prov. I, 7.

Au milieu de cette croissance l'atteignit l'âge de l'adolescence. Notre tante Alexandrine reçut alors de nos parents la mission de donner à l'éducation de Marie les soins de son expérience et de son affectueux dévoûment. Dans ce but ils se séparèrent de cette enfant, qui était toute leur joie pour l'envoyer au pensionnat du Bon-Pasteur, à Clermont-Ferrand.

Cette première séparation, quoiqu'adoucie par la présence d'une tante aussi aimée que respectée, brisa néanmoins le cœur tendre et affectueux de Marie. Pour dédommager son amour filial de ce dur sacrifice, elle se plaisait à l'épancher dans une correspondance active, où les traits vifs de l'esprit ne le cédaient qu'aux ingénieux stratagèmes inventés par son cœur pour tromper les distances.

Tantôt en effet, c'était un point qu'elle marquait sur le papier où elle déposait un baiser pour s'y rencontrer avec les lèvres du père et de la mère qu'elle aimait; tantôt c'était un astre du ciel qu'elle déterminait pour une heure convenue comme le centre commun des regards et des cœurs de ceux dont la distance la tenait éloignée. Là, au Bon-Pasteur, Marie se forma à cette piété franche, pratique, généreuse, qui la caractérisait, en même temps qu'à la connaissance des Belles-lettres, l'un des riches ornements de son esprit cultivé.

Elle y apprit aussi à plier sous le joug de la discipline son naturel ardent et à exercer ses doigts aux divers travaux d'aiguille.

Là, comme dans ses premières années d'enfance, Marie poussa l'oubli d'elle-même jusqu'à l'excès, et loin d'avoir à provoquer dans son cœur le beau sentiment de la reconnaissance ou de la générosité, ses Maîtresses eurent au contraire à le modérer et à le diriger selon les règles de la prudence. L'une des Maîtresses, particulièrement aimée, s'étant trouvée fatiguée, Marie, les larmes aux yeux, se tint de longues heures à la porte de sa cellule ! Elle aimait tellement à donner qu'un jour n'ayant rien de mieux, elle donna ses boucles d'oreilles à une de ses compagnes. — Aussi compta-t-elle autant d'amies de pension qu'elle avait eu de maîtresses et de compagnes, et parmi ces dernières les meilleures et les plus distinguées furent ses plus intimes.

A seize ans, le travail de son éducation secondaire se trouvait déjà à son terme; et notre tante Alexandrine à la fin de sa noble tâche pouvait dire en remettant son cher dépôt à la famille : « j'ai achevé l'œuvre ! » Voici la Perle précieuse que vous m'aviez confiée, la voici polie, enrichie, formée : je vous remets Marie meilleure encore que vous ne me l'aviez donnée, elle sera votre honneur et votre joie.

Des circonstances providentielles, qui devaient avoir sur notre avenir une influence si décisive et si salutaire, avaient amené la famille de Marvejols à Saint-Chamond. C'est donc là que Marie nous rejoignit après son éducation, et elle nous y trouva presqu'au complet. Son grand cœur lui donna bientôt l'intelligence de son rôle dans la famille. Elle comprit qu'elle y était moins pour sa jouissance et son repos que pour y devenir l'auxiliaire dévouée et active de nos parents bien-aimés.

Or, elle le remplit si bien ce rôle, qu'elle fut pour nous moins une sœur qu'une seconde mère, se faisant toute à tous et s'oubliant pour tous.

Ainsi s'écoulèrent ses années dans la famille depuis l'âge de seize ans jusqu'à celui de vingt. On peut donc bien les résumer ces années de labeurs et de soumission comme celles mêmes de la vie cachée de Jésus-Christ et dire également que Marie *fut pliée au joug du travail dès sa jeunesse, obéissant à son père et à sa mère.* Leur présence était sa plus douce distraction, avec celle de Dieu devant qui elle marchait sans cesse, l'honorant par la pratique régulière de ses exercices de piété. Comme Jésus enfant, Marie faisait les délices des siens et l'édification de ceux qui l'approchaient.

L'impression de vertu qu'elle produisait alors était déjà si forte que plus de vingt ans après, lorsque j'annonçais sa mort à l'un de nos plus saints amis, ancien Supérieur du collège Sainte-Marie à Saint-Chamond, le bon et vénéré P. Duffieux, il me répondit en me consolant : « le jour où je connus votre sœur, je vis en elle une prédestinée. »

Dieu lui-même ravi de la beauté de cette âme fidèle et dévouée à son amour, l'attirait doucement à lui, disant à son cœur : « Écoute, ô ma fille, écoute et réfléchis ; oublie pour moi ton pays et la maison de ton père. » (Ps. 44.) Et elle, tressaillant de bonheur à cette voix de son Bien-aimé, lui répondit sans hésiter : Oh ! le Dieu de ma vie, me voici, « mon cœur est prêt, Seigneur, mon cœur est prêt. » (Ps. 56.)

II.

1868-1869.

ARIE avait entendu l'appel de Dieu à la profession religieuse, dès le jour de sa première communion qui fut très fervente. Mais par une sage prudence, louée par l'Esprit-Saint lui-même, désirant que « le secret du Roi soit caché » (Tob. XII, 7), elle avait su contenir dans l'intimité de son cœur les aspirations célestes de son âme. Seuls, ses différents Directeurs en avaient eu la confidence et y avaient tous reconnu le véritable appel de Dieu. Aussi, tandis qu'on se préoccupait de lui préparer un avenir dans le monde, elle souriait discrètement des illusions de ceux qui l'aimaient. Les joies passagères qu'on désirait pour elle n'excitaient nullement son envie, le seul bien dont son âme fût avide, c'était « d'habiter la maison du Seigneur tous les jours de sa vie, et d'y être la dernière. » (Ps. 26 et 83.)

Si le souvenir d'un passé, resté toujours bien cher à son cœur et qui lui inspirait une grande estime et une vive reconnaissance pour ses anciennes Maîtresses, ainsi que sa profonde affection pour une tante vénérée comme une mère, l'attiraient au Bon-Pasteur de Clermont-Ferrand, un autre attrait toutefois, plus surnaturel, plus doux, plus fort, l'inclinait vers l'humble Congrégation des Religieuses du Saint-Nom de Marie.

La Société de Marie qu'elle avait appris à connaître dans la personne de ses Directeurs, les RR. PP. Germain, de douce mémoire, Gay Marcellin et Sanlaville, supérieurs successifs du collège Sainte-Marie à Saint-Chamond, lui était apparue très aimable. Elle était ravie de son Nom auguste et surtout de son esprit de modestie, de simplicité et de charité, et ayant connu que son vénérable Fondateur, le T. R. P. Colin, était également le Père de la Congrégation des Sœurs du Saint-Nom de Marie, elle chercha à se rapprocher de celle-ci pour l'étudier et y réussit par une ingénieuse industrie qui couvrait son secret.

Sortie en effet, du Bon-Pasteur à seize ans seulement, après trois ans passés dans la famille elle se trouvait encore à l'âge où beaucoup de jeunes personnes terminent leurs études et s'efforcent de les faire couronner par les examens du brevet. De sages prévisions pour son avenir, des espérances fondées de succès, firent désirer pour elle le diplôme de l'Académie. Il semblait tout naturel que pour s'y préparer elle retournât au Bon-Pasteur, car le couronnement d'un édifice est confié d'ordinaire à l'architecte de ses fondations. Mais Marie, toute dominée par l'attrait mystérieux de sa vocation religieuse, vit dans cette préparation au brevet une excellente occasion de le favoriser sans le révéler encore, et très adroitement elle fit préférer, au couvent du Bon-Pasteur, celui des Religieuses Maristes de la Rue Pallion à Saint-Étienne.

Elle y entra donc, moins en pensionnaire qu'en postulante, et de fait sa vie revêtit déjà là une physionomie toute religieuse. Il ne fallait pas la voir longtemps pour se convaincre que dans son cœur le monde était déjà sacrifié et qu'elle avait trouvé dans la Congrégation du Saint-Nom de Marie, « le lieu de son repos. » Elle se distinguait au milieu de ses nouvelles compagnes par son entrain et sa vertu, et s'appliquait toujours à les porter au bien. Un jour de sortie elle leur dit : « nous allons bien garder la modestie des yeux dans les rues. » Une autre fois elle proposa aux enfants de Marie de faire une *loterie spirituelle,* dans laquelle les séries se paieraient par un certain nombre d'*Ave Maria,* et les lots consisteraient en actes de charité ou en prières pour les Missions. Aussi, les Maîtresses se plaisaient-elles à attribuer à l'influence de Marie le bon esprit qui, cette année-là, caractérisa particulièrement le pensionnat. Une dévotion ardente pour le Très-Saint Sacrement la conduisait souvent à la chapelle et la tenait longtemps auprès du Tabernacle. Un jour, elle reçut une invitation pour aller à Saint-Chamond à une soirée dans une famille amie. En lui transmettant cette gracieuse nouvelle, notre bonne mère lui annonçait l'envoi prochain d'une robe de soie pour cette circonstance. Or, voici qu'elle fut la réponse de Marie :

Chère Maman,

« Je vous suis bien reconnaissante de votre bonté et de la charmante toilette que vous voulez bien me préparer, mais je vous prie de me permettre de m'abstenir de cette invitation. Dites à mesdemoiselles N..., combien je suis sensible à leur amitié ; loin d'elles en réalité, je ne le suis point par le cœur, et au moment de leur joyeuse fête, *je préfère aller au pied du Saint Tabernacle*, prier pour elles, pour leurs chères familles et y passer des *instants délicieux, mille fois préférables à toutes les joies du monde*. Je prierai surtout pour vous, chère maman, pour mon cher papa, afin que vous soyez toujours heureux et conservés longtemps à mon amour et à celui de toute la famille. »

En effet, à l'heure fixée, Marie était à la chapelle du pensionnat, adoratrice fervente du divin Emmanuel dont « les délices sont d'être avec les enfants des hommes. » (Prov. VIII.)

A cette époque de sa vie se rattache une composition littéraire où viennent se rencontrer et les richesses de son esprit cultivé et l'affection de son cœur aimant, c'est le *Nid de Philomèle*, description charmante et fidèle de cet heureux temps où, comme des oiseaux dans leur nid, nous étions tous ensemble au Verna goûtant pleinement la douceur de l'amitié fraternelle sous la vigilance à la fois tendre et forte de nos parents bien-aimés.

L'occasion de cette composition fut notre réunion au Verna aux vacances de Noël; elle servit de compliment pour nos souhaits de bonne année et Marie elle-même en fit la lecture au nom de tous.

« Aux pieds du grandiose Mont-Pilat, se trouve une riante et verte colline où je me plais à me reporter, car là je peux à l'aise contempler les grandes et belles œuvres du Créateur; là, tout attire mes regards, tout, depuis le brin d'herbe que je foule, jusqu'au chêne orgueilleux; là, tout charme l'imagination et réjouit le cœur : tout jusqu'à la violette simple et timide, jusqu'à la marguerite que j'aime à effeuiller, jusqu'aux rochers agrestes qui s'y trouvent, jusqu'à la source qui serpente et dont les eaux fécondes et limpides roulent sur leur tapis émaillé de turquoises et d'émeraudes; tout jusqu'au

contraste qu'offre à ce gracieux paysage un
bois touffu et sombre; et cependant c'est là,
c'est là que je trouve des charmes, et, le
cœur joyeux, j'en parcours toujours les sen-
tiers tortueux et les labyrinthes qui le croi-
sent. Là j'aime à rêver, en écoutant le cri
plaintif de la tourterelle, les joyeuses har-
monies du rossignol, les chants saccadés du
pinson, qui tous, dans leurs accords différents, louent le Dieu qui les a créés, et font
entendre la cantate du plaisir à la vue des
lieux qui les ont vu naître et sont témoins
de leurs premières amours : car là, sous la
feuillée, au milieu de ce brillant et gracieux
églantier et des saveurs embaumées des my-
riades de fleurs qui l'entourent, Philomèle a
son trésor et cache son doux nid, là reposent
huit jeunes et charmants petits êtres, com-
mençant à peine à gazouiller les premiers
chants de bonheur dont leur mère heureuse
en les contemplant fait retentir les échos
d'alentour. Ils jouissent déjà du bienfait de
de la vie, reçoivent avec joie les mille soins,
les mille sollicitudes des auteurs de leurs
jours, bravant pour eux vents impétueux,
griffes des vautours, orages violents et des-
tructeurs.

« Aussi, voyez l'inquiétude du père de notre charmante couvée; il va, il vient, il chante encore; mais maintenant les échos ne sont plus frappés que par une mélodie triste et tendre en même temps : car de son trésor *quatre petits oiseaux* ont voulu essayer leurs ailes et ont déjà pris leur vol, ils sont partis !... ont abandonné cette délicieuse solitude, et maintenant la mère craint, s'épouvante à la vue des nombreux dangers qu'ils courent loin de son aile protectrice.

« O Philomèle, ne crains plus, j'entends déjà leurs cris joyeux, ils reviennent, ils voltigent et enfin, heureux, s'abattent auprès de vous, père et mère chéris qui pour eux aviez tant de peines et d'inquiétudes; oui, ils reviennent, ce sont eux, *Théodore, Joseph, Louis, Marie;* ils reviennent et sont heureux de se trouver dans leur charmant petit nid au milieu de leur gracieux églantier qui, quoique dans la neige, conserve bien des charmes; et leur plus grand bonheur n'est-il pas d'être dans vos bras, de vous exprimer toute leur tendresse, de vous prouver qu'auprès de Marie dans les saintes maisons auxquelles vous avez confié leur innocence et leur cœur, aucun vent destructeur n'a pu les atteindre, que les oiseaux de proie n'ont rien pu sur eux, que leur âme est aussi blanche que le grand linceuil qui couvre la nature, et que leur amour pour vous est de plus en plus vif, et que moi surtout, pauvre oiseau isolé, je pense souvent à vous et bénis le jour qui me ramène dans vos bras; pour vous redire encore mes chants d'amour, de paix et de bonheur, et vous assurer de la reconnaissance de celle qui est heureuse d'être

Bien cher père et tendre petite mère,

Votre enfant bien affectionnée et très respectueuse,

MARIE DE MIJOLLA.

Saint-Étienne, 3o décembre 67.

A la fin de l'année scolaire, le travail de sa préparation au brevet fut couronné de succès. Ce succès en mettant à son éducation son sceau définitif marqua aussi le terme qu'elle s'était fixé pour révéler le grand secret de son cœur et enfin le réaliser. A partir de ce moment toute son attention fut dirigée à épier l'occasion opportune de s'en ouvrir à nos vénérés parents.

C'est ici que commence pour son cœur filial une épreuve où il ne devait triompher qu'après avoir été brisé par le plus douloureux sacrifice. Alors plus que jamais elle se voyait la joie et l'espérance de la famille, comment oser parler de la quitter ?

De justes appréhensions la faisaient trembler, et en attendant le moment favorable elle se préparait à l'immolation de son cœur par de ferventes prières. Aussi, lorsque au temps de se taire eut succédé le temps de parler, elle se trouva prête pour la pénible lutte. D'un côté, c'était son cœur tendre, délicat, reconnaissant, dévoué, qu'il fallait soutenir contre les assauts les plus forts de l'amour filial, et un seul mot lui suffisait pour cela, le mot de son enfance, et de toute sa vie : Dieu avant tout !

De l'autre, c'était le choix de l'Ordre qui avait ses préférences qu'il lui fallait justifier, car entre tous, n'était-ce pas le moindre ? — Et elle de répondre : « c'est pour cela qu'entre tous il me plaît davantage. » — Frappé de ces vues surnaturelles, un homme de Dieu, prêtre de la Compagnie de Jésus, le

R. P. Perdrix, de sainte mémoire, chargé
spécialement par notre pieuse mère d'exa-
miner la vocation de Marie et d'y porter un
jugement définitif, lui dit ces dignes paroles :
« mon enfant, cet Ordre auquel vous aspi-
rez a pour caractère distinctif la modestie,
mais une modestie telle, qu'il doit tendre à
rester inconnu et caché, *même en tant
qu'Ordre.* Je connais peu d'âmes capables
de se vouer à la pratique d'une telle abné-
gation, Dieu vous fait cette grâce, mon enfant, eh bien, allez-y et vivez-y fervente. »

Cette décision de la part d'un directeur
aussi éclairé, tout-à-fait étranger à la Société de Marie et plus prévenu contre la vocation de notre sœur qu'incliné à la favoriser, était le signe non équivoque de la volonté de Dieu. La prudence humaine devait
s'arrêter là sous peine de devenir sacrilège,
il fallait sans hésiter sacrifier cette enfant de
prédilection, appelée comme Isaac à être un
holocauste agréable pour le Seigneur.

De la part de Marie le sacrifice de la séparation fut accompli avec une force d'âme
qui lui fit surmonter sans faiblir un instant
et même avec allégresse les combats les plus
terribles pour un cœur filial, ceux de la

tendresse paternelle et maternelle. Ici sa charité pour Dieu l'éleva au-dessus des plus légitimes sentiments de la nature, et joyeuse, quoique le cœur déchiré, elle entrait le 15 avril 1869 au noviciat des Religieuses du Saint-Nom de Marie au couvent de Bon-Repos à Belley. Avant de franchir le seuil du Noviciat, elle fut présentée au vénéré P. Marcel, l'une des plus pures lumières de la Société de Marie, alors supérieur de son scolasticat à Belley. Elle trouva en lui un nouveau soutien et dans la suite son guide le plus affectueux et le plus éclairé.

Une coïncidence, bien digne de remarque, lui offrit l'occasion d'affirmer énergiquement à son arrivée à Belley sa résolution d'être *Religieuse Mariste*. Pendant le trajet de la gare de Rossillon à Belley, elle rencontra providentiellement dans la diligence le Très Révérend Père Colin, fondateur de la Société de Marie, vieillard déjà bien cassé, ses infirmités augmentaient encore la chétive apparence de sa personne, et selon les vifs désirs de sa profonde modestie, il ne paraissait *rien* aux yeux du monde. Marie jouissait de cette rencontre inattendue, et silencieuse elle contemplait avec vénération ce bienheureux Père en prière, égrenant son chapelet qui ne quittait jamais ses doigts. Mais alors quelqu'un lui dit à l'oreille avec le secret espoir de la décourager à la dernière heure. « Marie, y penses-tu, d'entrer dans un Ordre fondé par un homme aussi simple, n'est-ce pas une imprudence ? — Ah ! répondit-elle vivement, cette humilité, *c'est là ce qui m'attire.* »

III.

LA NOVICE. — LA PROFESSE. — LA RELIGIEUSE PARFAITE.

1866-1886.

SON entrée au noviciat avait mis le comble à ses plus ardentes aspirations et tout son être en tressaillit de bonheur. Elle triomphait enfin, mais comme Jésus sur la croix, par le sacrifice le plus douloureux. Recueillons de ses propres lèvres les sentiments de son cœur de novice : « mon sacrifice est accompli, Marie m'a aidée à monter au Calvaire ! J'ai quitté la famille la laissant dans une douleur profonde. Que les larmes de mon père m'ont fait mal, et de quel prix aussi elles ont augmenté mon sacrifice ! Pour X… les Religieuses sont toujours des victimes malheureuses ; heureuses victimes ! Prie, je t'en conjure, pour que je corresponde bien aux grâces insignes dont je suis l'objet, prie pour que je persévère et que je puisse vivre et mourir Mariste. » Avec de telles dispositions comment n'eût-elle pas été une novice fervente ? Selon le témoignage de l'une de ses anciennes compagnes du noviciat « *elle était la première en tout* », la première surtout où il fallait s'humilier et se mortifier. Elle porta parfois l'oubli d'elle-même jusqu'à l'imprudence et il était moins nécessaire de provoquer son ardeur que de la modérer. Volontiers dans son désir d'abjection elle eut pris rang parmi les sœurs converses auxquelles elle disputait les travaux les plus pénibles.

Mais si elle s'était ainsi donnée à Dieu sans réserve, Dieu à son tour daignait se faire goûter à son âme dévouée; écoutons-la définir son noviciat à son frère, novice, aussi de la Société de Marie : « Là est Dieu ! là on le trouve en tout, on le voit en tout, on le respire pour ainsi dire, car tout parle de Lui; à chaque pas la vertu se présente à nous, car nous vivons au milieu des saints. Oh ! puissions-nous le devenir aussi ! Mes vœux les plus chers sont de te voir heureux, c'est-à-dire, de plus en plus près de Dieu, le comprenant, le sentant davantage et par conséquent l'aimant aussi de plus en plus; je crois que là est compris tout le bonheur de la vie religieuse. Jouis donc de ce bonheur et dis-moi combien est doux le repos et la joie que l'on trouve à servir le Seigneur. Prie pour moi pour que je comprenne bien l'esprit de la Très-Sainte Vierge dont nous devons être les copies, afin que je sois obéissante, car *j'aime l'obéissance*, y trouvant la mort à tout; et n'est-ce pas cette mort que nous avons cherchée en quittant notre chère et bien-aimée famille? Vous est-il donné des dimanches entiers liberté de prier? Quelle consolation n'est-ce pas? Prie afin que je n'abuse pas de tant de grâces et que marchant dans la voie qu'on nous trace je me montre moins indigne du beau nom de Mariste que je brûle de porter. Oui, mes espérances sont toutes en Dieu, en Marie que je désire de tout mon cœur aimer et imiter. C'est ce à quoi on nous forme au Noviciat où je vis avec tant de bonheur; je les aime et les estime tant ces jours de noviciat, que je voudrais que toute ma vie religieuse fût un noviciat; alors on est, il me semble, plus uni à Dieu. Cependant nous trouvons Dieu partout et ce sera Lui plus tard que nous verrons dans nos occupations. »

L'appel d'une telle novice à la profession ne pouvait être qu'une joie bien grande pour ses supérieures, et la Société qui en compterait beaucoup de cette trempe serait vraiment cette heureuse mère dont la Sainte Écriture chante le bonheur qui lui vient de ses enfants : « *matrem filiorum lætantem.* »

En Marie la Religieuse professe ne fut point au-dessous de la Religieuse novice. Loin de voir dans sa profession comme, hélas ! il arrive quelquefois, la fin d'une épreuve de convenance et l'entrée en possession d'une liberté plus grande, elle y vit au contraire un engagement à une vie plus parfaite encore. Elle s'attacha à ses vœux volontairement et avec amour pour la plus grande gloire de Dieu et l'honneur de Marie son auguste Mère, et fit de la fidélité à les observer le bonheur de son cœur.

Elle pratiqua la pauvreté jusqu'à n'avoir

je regarde mes douleurs comme une grande grâce de Dieu, et sans demander la souffrance, bien entendu, j'accepte de bon cœur ma croix, parce qu'elle me tient dans la voie du salut et me touche au point le plus sensible : je suis obligée de vivre dans une dépendance absolue de chacune de mes sœurs, mais elles sont si bonnes et si dévouées que je ne saurais jamais assez reconnaître leurs bontés. » (Lettre à son père.) Une autre fois elle s'exprimait ainsi sur ce sujet : « Je suis toujours patraque, mais toujours très heureuse. Les soins me soutiennent et me tiennent sur pied, sans cela je ne serais bonne qu'à me *reposer pour tout de bon.* Chacun s'efforce d'alléger ma croix dont je me trouve indigne et que je n'échangerais pas contre tous les trésors du monde, tant je suis persuadée que le bon Dieu me l'envoie pour mon plus grand bien. Je crois que ce sera mon lot d'être toujours un peu souffrante jusqu'à la fin de mes jours, pourvu qu'ainsi j'aille à Dieu, je l'aime et le fasse aimer, je suis heureuse et ne demande rien de plus. » (Ibid.)

Si parfois quelques plaintes s'échappent de ses lèvres, ce n'est point de trop souffrir, mais de se voir l'objet de trop de soins, c'est sous cette impression qu'elle écrivait un jour :

« Sans s'en douter, la famille est pour moi un sujet de rudes combats. Leurs attentions, leurs délicatesses, leur désir de me soigner, afin de me rendre à la santé, me tourmentent et m'agitent. Je suis à Dieu ! mourir, je crois me serait un gain ! et si mon état persiste, malgré les soins continuels et généreux que me fait donner ma bonne Mère supérieure, n'est-ce pas que Dieu me préfère infirme, humiliée ? Aussi, tous les jours, je prends mon cœur à deux mains pour le remercier de ses vues de miséricorde sur moi, lui promettre fidélité et lui faire le sacrifice de ma santé, si tel est son bon plaisir. Je suis persuadée que Celui qui m'a blessée peut seul me guérir et je ne sais s'il ne m'aime davantage dans l'état où je suis. Prie cependant pour moi, le *Fiat* est souvent bien difficile à dire. » (Ibid.)

En même temps que la divine Charité donnait à son cœur une patience si forte, une conformité si filiale à la très sainte volonté de Dieu et des ardeurs si vives pour son service, Elle le remplissait aussi de bénignité et de douceur pour le prochain : « la charité est bénigne. »

On ne trouverait pas sur les lèvres d'un petit enfant l'expression d'une tendresse plus naïve pour son père et sa mère bien-aimés que celle que témoignait aux siens cette Religieuse parfaite.

A notre mère qui lui avait fait espérer sa prochaine visite, elle répondait en octobre 1885 : « Depuis que tu m'as donné l'espérance de ta visite, l'arrivée de chaque train fait battre mon cœur; mon cœur, tu le connais, tu l'as formé, il est le même : *Dieu avant tout, mais après Dieu : Papa et Maman !* N'est-ce pas là le centre de toutes mes affections ? »

Quoi de plus aimable et de plus respectueux à la fois que les vœux de bonne année renfermés dans les lignes suivantes :

Cher papa et chère maman,

« Je suis confuse d'avoir été devancée par votre amour; je suis si heureuse quand, la première, je viens vous dire : bonne année ! que de nuits passées sans sommeil ! que de jours dans l'agitation ! Que de privations de tous genres vous vous êtes imposés pour nous faire élever chrétiennement! Aussi, mon vœu le plus cher est-il que nous répondions à un tel dévoûment en nous attachant inviolablement à Dieu, et en vous entourant, parents bien-aimés, du respect, de la soumission, de l'amour, que vous méritez à tant de titres et qui vous feront oublier tous vos sacrifices. Voilà le vœu échappé à mon cœur ; que mes frères et sœurs le répètent après moi pour vous entourer de bonheur et de consolation, en attendant les joies sans fin, où tous réunis, nous formerons votre couronne. »

Et ces autres vœux adressés à notre bonne Mère pour sa fête :

« A ma bien-aimée Mère,

« Pourquoi es-tu si loin lorsque j'ai tant besoin de te redire que je t'aime ?

« Pourquoi es-tu si bonne lorsque je suis impuissante à te prouver ma reconnaissance ?

« Voilà les deux sentiments qui débordent de mon cœur et que je souffre de ne pouvoir t'exprimer aujourd'hui. Reçois donc, ô ma mère chérie, ma mère bien-aimée, non de pâles fleurs, mais mon âme, mon cœur tout entier; tu l'as formé, il te doit son bonheur, après Dieu il est tout à toi et est sans cesse occupé de toi. »

Une autre année, elle écrivait pour la même circonstance :

« A ma Mère bien-aimée pour le jour de sa fête :

> Ne pouvant, bonne Mère,
> Venir te fêter en ce jour,
> Je prie mon ange tutélaire
> De te rendre mon amour.
> O le bon ange de ma vie,
> Mon doux et bien cher confident,
> Va et porte à ma mère chérie,
> De la part de sa chère Marie,
> Tous les vœux de son cœur ardent.
>> Bonne fête ! »

Ce cœur si tendre pour son père et sa mère s'ouvrait pour nous, ses frères et sœurs, avec une affection dont chacun nous pourrions apporter mille touchants témoignages, et c'est l'un de nous qui a eu sa dernière lettre. Ainsi son cœur se répandait par une amitié inaltérable sur tous les membres de la famille, sur quiconque y avait acquis quelque droit, et, par une miséricorde affable, sur tous ceux qu'une douleur attristait.

Mais où son cœur s'attachait avec un amour de prédilection, c'était à son humble famille religieuse, l'aimable *Famille de Marie*.

A l'époque où tous les corps religieux en France étaient menacés par les décrets iniques de l'expulsion, notre Sœur toute préoccupée de l'avenir de sa chère Congrégation écrivait : « Jusqu'ici nous avons été à l'abri de toute persécution, mais je crois que le moment approche pour nous. Prie pour nous, que le règne de Marie s'établisse, qu'envers et contre tout sa Congrégation subsiste ou renaisse plus belle, plus sainte, après l'orage. » L'arrivée au noviciat d'une postulante était une fête pour son cœur, et l'objet constant de ses prières était d'obtenir de la très sainte Vierge des élues pour sa Famille.

Son attachement à sa vocation semblait devenir de plus en plus vif à mesure qu'elle s'éloignait du jour de sa profession, et le 17 avril 1886 quelques mois seulement avant sa mort, elle écrivait à notre mère : « Notre Révérende Mère a eu la bonté de m'envoyer vers le R. P. Marcel; tu ne pourrais comprendre le bonheur que j'ai éprouvé de me retrouver dans cette chapelle où avec toi et mon bon Père j'avais assisté à l'ordination de Louis, et je me retrouvais jour pour jour, le 15 avril, aux pieds de ce bon Père qui, dix-huit ans avant, me voyait pour la première fois et raffermissait ma vocation naissante de tout son pouvoir ; *cette coïncidence s'ajoutait à toute la satisfaction que j'éprouvais.* »

C'est ce vif attachement pour sa Congrégation qui lui inspirait le respect le plus filial pour la Révérende Mère Générale, en qui elle voyait la dépositaire de l'autorité même de la Très-Sainte Vierge. A la mort de la Révérende Mère Saint-Jean, arrivée deux ans après celle de la Révérende Mère Ambroise, de si douce mémoire, elle écrivait en effet : « Nous voilà encore une fois entre les mains de la Providence nous confiant en Marie, notre première Mère et Supérieure. Prie pour nous afin qu'Elle inspire celle qui doit tenir sa place parmi nous et nous aider à aller à elle. » (Lettre à son père.)

Sa Congrégation à son tour ne cessa de se montrer remplie de bienveillance pour un sujet aussi dévoué. Les Révérendes Mères Saint-Ambroise, Saint-Jean et Saint-Ildefonse, qui gouvernèrent successivement la Congrégation de son vivant, la tinrent toutes en particulière estime, et toutes l'honorèrent de leurs plus intimes confidences. Un jour, Mère Saint-Jean la prit devant moi, dans ses bras maternels, me disant avec la plus grande joie : « voilà ma fille de prédilection ! »

Cette estime animait également à son égard toutes ses Sœurs dont le témoignage peut se résumer dans celui-ci : « elle édifia constamment la Communauté par sa résignation dans ses grandes douleurs, son courage au-dessus de ses forces et la sérénité de son visage jointe à l'amabilité la plus franche et la plus cordiale. »

IV.

*SA MORT. — SES FUNÉRAILLES. — CIRCONSTANCES
DE SA MORT.*

24 août 1886.

En appelant les souffrances de Marie une
lente agonie, il n'y avait aucune exagéra·
tion, car sans changement bien notable, elles
causèrent sa mort qui fut ainsi comme
subite.

Un ordre de mes Supérieurs venait de
m'appeler en France pour quelques jours;
leur bienveillante condescendance m'avait
autorisé à visiter la famille, et notre chère
Marie m'attendait.

Soudain un télégramme m'arrive de Belley au Verna où j'étais arrivé depuis peu, il
était alarmant, il m'appelait tout de suite
auprès de notre Sœur, mourante, disait-on !
— Hélas ! on n'avait pas tout osé dire, déjà
elle n'était plus !

Ce fut, en effet, le mot terrible qui me fut
glissé à l'oreille à mon arrivée à Belley par

l'un de mes confrères que sa charité avait inspiré de venir à ma rencontre.

A la réception de la fatale dépêche, notre père était en voyage, et malgré son accablement, notre tendre et courageuse mère voulut m'accompagner, espérant au moins la consolation de pouvoir fermer les yeux à à Marie.

Sa douleur, lorsqu'enfin, il fallut lui apprendre toute la vérité, oh ! elle fut inexprimable.

Marie, l'enfant de ses premières joies maternelles et de sa juste prédilection, Marie, cette noble enfant au cœur si pur et si magnanime, Marie, devenue par son âge, sa vocation et sa sainteté, sa sœur, son amie, sa conseillère, Marie n'était plus !

Elle était morte avant même qu'elle eût pu être informée de son danger de mort, elle était morte sans avoir pu lui donner le moindre de ses soins maternels, sans en avoir reçu un dernier adieu !

Elle était morte ! quelques minutes seulement la séparaient de ses restes mortels, et elle ne pourrait pas même les contempler, car elle n'eût pu supporter une telle émotion après celle de la terrible nouvelle !!!

Je montai donc seul et bien triste au couvent de Bon-Repos le 26, dès cinq heures du matin.

Bientôt je me trouvais dans ce parloir où si souvent nous nous étions rencontrés, et puis auprès de sa dépouille mortelle.

A sa vue, quoiqu'après deux jours de mort, je fus comme reposé de mon émotion, tant je la retrouvais conservée. Ses traits avaient perdu avec les souffrances l'enflure qui les défiguraient, ils respiraient le calme et la majesté. Étendue sur son lit, revêtue de son costume religieux, les mains jointes sur sa poitrine et ornées d'un chapelet, elle paraissait si belle que je regrettais presque l'absence de notre mère désolée. Je la contemplai quelques instants en priant pour elle et aussi en la priant pour nous, et enfin au nom de tous je baisais avec respect ses pieuses mains.

Peu après déposée dans le cercueil et transportée à la chapelle du couvent, je célébrais la sainte messe en présence de toute la Communauté.

❦

A ma messe succéda celle des funérailles célébrée solennellement par le R. P. Simon S. M. Les prières de l'absoute achevées, le cortège se mit en marche à travers les allées de ce clos charmant de Bon-Repos, si souvent témoin de nos entretiens fraternels. Le temps était beau, l'air embaumé par les fleurs, les chants liturgiques admirablement exécutés par les Sœurs, c'était plutôt un triomphe qu'un enterrement. Au fond de tous les cœurs, en effet, il y avait cette conviction intime que ce corps que nous entourions de nos derniers honneurs était celui d'une élue de Dieu qui déjà triomphait dans le ciel. Pour moi, au milieu de mes larmes, j'admirais comment la divine Providence m'avait ménagé cette immense consolation de m'avoir fait, malgré mon éloignement, le témoin de la mort de cette Sœur dont rien ne m'avait jusqu'ici séparé; et je songeais comme naturellement aux funérailles mêmes de la Très-Sainte Vierge accomplies en ces jours-là, bénissant cette Mère divine de l'avoir ainsi unie à sa vie et à sa mort.

La mort de Marie quoique très prompte et tout-à-fait imprévue ne fut pas subite. Depuis quelque temps ses forces s'affaiblissaient et lui donnaient le pressentiment de sa fin prochaine. Dans sa confession préparatoire à la fête du 15 août, elle dit à son confesseur avec beaucoup de calme : « je sens que c'est fini. » Le jour même de l'Assomption pendant l'heure d'adoration que la Règle impose aux membres de la Société de Marie, elle fit l'offrande de sa vie à Notre-Seigneur et Le supplia de lui accorder la grâce de mourir bientôt. Digne fille de la Famille de Marie, elle priait comme son auguste Mère à ses derniers jours. Elle fut exaucée, car peu après elle s'alitait pour ne plus se relever, quoique le médecin ne vît aucun danger imminent pour sa vie. C'était, disait-il, un simple refroidissement. Le 24 août, cependant, il la trouva plus fatiguée, mais son état ne lui inspirait pas d'inquiétude alarmante. Sa consultation avait lieu vers les cinq heures du soir. Vers les dix heures, la Très Révérende Mère Générale la

visitait. Contre son ordinaire, sa chère Sœur
Marie Saint-Basile, ne lui témoigna pas son
remerciement de la bienveillante visite, et la
laissa se retirer sans lui souhaiter le bonsoir
ni demander sa bénédiction maternelle. Dans
son visage cependant, point d'altération particulière. Mais à peine la Très Révérende
Mère était-elle arrivée à sa cellule, qu'elle
s'entendait rappelée en toute hâte auprès de
la malade dont la respiration était devenue
tout à coup très gênée. Le prêtre fut mandé
aussitôt, et pendant ce temps, la pieuse
sœur qui la veillait, eut la prudence de lui
faire renouveler ses vœux, de lui suggérer
de pieuses aspirations. C'était, en effet, l'a-
gonie de notre sœur, par un signe de tête et
quelques légers mouvements de ses lèvres
elle s'associait à la formule de ses vœux
prononcée pour elle et à tous les actes de
piété qu'elle entendait. La Sœur lui ayant
dit : « *in Te Domine speravi*, Seigneur j'ai
placé en vous toute mon espérance », Marie
répondit distinctement avec satisfaction :
« oui, c'est bien cela ! » Ce furent ses dernières paroles, et, quand le prêtre arriva,
elle ne put lui répondre que par un simple
signe d'intelligence. Il lui donna la sainte

absolution, l'Extrême-Onction, et à peine achevait-il la dernière onction que Marie s'endormait doucement dans le Seigneur, le 24 acût, vers onze heures du soir. Ainsi se vérifiait pour elle à la lettre cette parabole des Vierges : « Au milieu de la nuit, un cri se fit entendre : voici l'époux qui vient, allez au-devant de Lui. » Et elle « l'une des Vierges prudentes, l'une des Vierges sages, fut trouvée vigilante par le Seigneur. »

« Heureux ceux qui meurent dans le Seigneur, car la mort des saints est précieuse devant Dieu ! » (Apoc. XIV, 13.) (Ps. CXV, 15.) « Veillez donc, puisque vous ne savez ni le jour, ni l'heure. » (Matth. XXV, 1.)

« *Le serviteur de Marie ne périra jamais.* »

Imprimerie N.-D. des Prés. — Ern. Duquat, directeur.
Neuville-sous-Montreuil, (Pas-de-Calais.)